어린이 삼국사기 ⑤

어린이 삼국사기 편찬위원회 글 | 최수웅 그림
한국역사연구회 추천 및 감수

주니어김영사

머리말

《어린이 삼국사기》를 읽는 어린이들에게

자랑스러운 민족 문화를 깨닫는 첫걸음

 우리가 조상들의 삶을 알 수 있는 것은 우리에게 남아 있는 유물과 유적을 보고서 가능하지요. 그 중에서도 글로 남아 있는 책은 정말 소중한 역사 유물입니다.

우리나라 역사에 관심을 갖게 되면, 조상들이 훌륭한 민족 문화를 지켜 온 것에 대해 저절로 자랑스러운 마음이 생기고 뿌듯해진답니다. 만일 조상이 잘못한 점을 발견하게 되더라도, 우리는 다시 그런 잘못을 되풀이하지 않도록 조심하면 됩니다.

이러한 점에서 이번에 새롭게 엮은 《어린이 삼국사기》는 어린이들이 우리 역사에 관심을 가질 수 있도록 알기 쉽게 꾸몄어요. 《어린이 삼국사기》는 고구려, 백제, 신라 때의 왕들과 충신들 등이 나라를 다스릴 때에 일어났던 일을 중심으로 엮은 거예요.

《어린이 삼국사기》를 통해서 우리 조상들이 어떻게 살았고, 무슨 생각을 했는가를 알게 될 거예요. 그것이 바로 우리의 자랑스러운 민족 문화를 깨닫는 첫걸음입니다. 아울러 우리의 역사를 이해하면서 우리의 마음과 눈은 좀 더 넓어지고 깊어질 겁니다.

어린이 삼국사기 편찬위원회

인물의 삶으로 읽는 역사의 큰 흐름

우리는 현재를 살고 있으며, 마땅히 현재에 충실한 삶을 가꿔야 합니다. 그런데 현재는 홀로 존재하는 것이 아니라, 과거와 떼려야 뗄 수 없는 밀접한 관계입니다. 따라서 과거, 즉 역사를 알아야 비로소 현재를 온전하게 살아갈 수 있어요. 그런데 역사를 따분하고 어렵게 생각하는 어린이들이 많아서 우리나라 역사에 대해 제대로 알지 못하는 어린이들이 많아요.

이번에 주니어김영사에서 출간한 '처음 읽는 우리 역사' 시리즈는 주요 역사서를 기본 토대로 인물 중심으로 역사를 구성했어요. 인물을 중심으로 한 구성은 인물의 삶에 동화되어 역사의 흐름을 실감나게 느끼도록 해 주지요. 게다가 인물의 삶에 드러난 역사의 흐름을 조목조목 짚어 주어, 어린이들도 쉽게 역사적인 사실을 알 수 있습니다.

어린이들이 이 시리즈를 통해 역사에 더욱 가까이 다가가고, 그로 인해 모든 사람들의 노력이 결실을 맺으리라 믿습니다.

한국역사연구회

차례
어린이 삼국사기 5

학자와 예술가, 사랑을 실천한 사람들

- 삼국사기에 대하여 _8

소나무를 그린 솔거
　　황룡사의 소나무 벽화 _10
　　그림을 그리기 위해 태어나다 _14

방아 타령과 백결 선생
　　거문고 소리로 마음을 나타내다 _18
　　방아 찧는 소리 _20

문장으로 삼국 통일을 도운 강수
　　머리에 뿔이 난 아이 _24
　　학문이 더욱 깊어지다 _28
　　당나라 황제의 편지 _32
　　남편의 뜻을 받든 아내 _36

이두를 만든 설총
　　원효의 아들로 태어나다 _38
　　임금에게 들려 준 화왕 이야기 _41

천하의 명필 김생
글씨를 잘 쓰는 신동 _46
중국의 학자들도 놀라다 _47

외로운 천재 최치원
당나라로 유학을 떠나다 _50
당나라의 과거에 합격하다 _56
황소의 도둑 떼를 무너뜨리다 _58
고향으로 돌아와 방랑 생활을 하다 _62

아름다운 사랑을 보여 준 도미와 그의 아내
억울하게 붙잡히다 _64
도미의 아내를 시험한 개루왕 _68
하늘의 도움으로 다시 만난 부부 _72

슬픈 사랑을 한 호동 왕자와 낙랑 공주
첫눈에 사랑에 빠지다 _74
자명고와 나팔을 없애라 _80
나라를 버리고 사랑을 택하다 _82
억울하게 모함을 받다 _87

천생연분인 설씨 아가씨와 가실
혼인 약속 _90
아버지 대신 군대 간 가실을 기다리다 _97
거지가 되어 돌아온 가실 _100

자신의 살을 베어 어머니를 봉양한 향덕
정성을 다해 어머니를 모시다 _106
어머니의 병을 치료하다 _108

사람들을 감동시킨 효녀 지은
홀로 어머니를 모시다 _112
효성이 알려지다 _117

하나, 《삼국사기》는 어떻게 만들어졌나요?
둘, 《삼국사기》는 어떻게 이루어져 있나요?
셋, 《삼국사기》의 내용은 무엇일까요?
넷, 《삼국사기》를 지은 김부식은 누구일까요?
다섯, 《삼국사기》의 특징은 무엇일까요?

다섯, 《삼국사기》의 특징은 무엇일까요?

《삼국사기》는 왕명에 따라 관청에서 편찬한 관찬 사서예요. 관찬 사서는 책을 만들 때 정한 원칙에 따라 필요한 자료만 골라서 잘 정리를 해요. 혼자서 하는 게 아니라 여러 사람이 같이하기 때문에 한 사람의 생각을 반영하기는 어려워요. 아무래도 왕명에 의해 씌어졌기 때문에 지배자의 생각이 들어가 있지요.

《삼국사기》를 지은 때는 고려가 세워진 후 200여 년이 흘러 고려가 안정을 이룬 시기였으므로 새로운 역사서가 필요하다고 느끼게 되었어요. 그래서 유교적인 관점에서 새롭게 삼국을 살펴보면서 역사에서 교훈을 찾아 내려고 했어요.

처음 《삼국사기》를 만들 때부터 고구려, 백제, 신라를 통해 왕의 활동이나 유교적으로 후대에 교훈이 될 만한 것을 골라 정리하는 것이 목적이었어요.

역사를 교훈으로 삼기 위해서 묘청 일파의 패배나 견훤, 궁예의 멸망이 당연하다는 것을 드러내고 또한 잘못한 부분을 더욱 강조했다고 볼 수 있어요. 이런 내용을 통해 후삼국을 통일하여 세운 고려가 정당하다는 것을 보여 주려고 했지요.

'본기'는 고구려, 백제, 신라 세 나라의 비중을 어느 정도 맞추려고 노력한 데 비해 '열전'에서는 주로 신라 이야기를 많이 다루고 있어요. 신라에 관한 내용을 많이 다룬 것은 다른 나라의 사료가 적어서이기도 했지만, 삼국을 통일한 신라 왕조를 강조함으로써 후삼국을 통일한 고려의 위상을 드높이려는 것이었지요.

'열전'에서 나라를 위해 싸운 화랑의 이야기가 많이 나오는 것도 신라가 삼국을 통일하는 데 화랑의 충효 정신이 중요한 역할을 했다는 것을 드러내기 위해서였어요.

《삼국사기》를 지은 김부식이나 《삼국사기》의 내용에 대해서 중국을 떠받드는 사대주의라고 비난을 하기도 해요. 하지만 그것은 고대사의 다양한 모습을 담은 책들이 전하지 않기 때문이지, 《삼국사기》를 지은 김부식이 비난받을 일은 아니에요.

《삼국사기》는 일정한 체제를 세우고 거기에 맞춰 저자의 관점을 유지하면서 써낸 역사서라 할 수 있어요.

소나무를 그린
솔거

황룡사 뒷벽에 그려져 있는 늙은 소나무는 솔거가 머리끝이 희끗희끗해질 무렵에 그려 놓은 것이었습니다. 그 무렵 솔거는 이미 나라 안에서 으뜸으로 손꼽히는 화가로 알려져 있었습니다.

🌸 황룡사의 소나무 벽화

신라의 서울 서라벌(지금의 경상북도 경주)에는 곳곳에 크고 작은 절들이 많이 있었습니다. 새벽녘이나 이른 아침, 혹은 황혼 무렵이면 서라벌의 많은 절들에서 은은한 종소리가 울려 퍼졌습니다. 또 하루 종일 목탁 소리와 염불을 외는 소리가 끊이지 않았습니다.

서라벌의 많은 절들 가운데에서도 특히 황룡사가 널리 알려져 있었습니다. 황룡사가 큰 절이기 때문이거나 이름 높은 스님이 계셔서가 아니었습니다. 하지만 황룡사라면 모르는 사람이 없었습니다. 황룡사 뒷벽에 그려져 있는 큰 소나무 그림 때문이었습니다. 황룡사 뒷벽에 그려진 소나무를 처음 보는 사람들은 모두 소나무가 그림이라는 사실을 잘 알지 못했습니다.

"허어, 그 소나무 참 잘생겼다. 이렇게 잘생긴 소나무는 처음 보는데."

사람들은 벽에 그려진 소나무 그늘 아래로 다가가서 잠깐 쉬어 가려고 하기도 했습니다.

사람들뿐만이 아니었습니다. 눈이 밝은 솔개나 매도 이따금 쏜살같이 소나무 가지 위로 날아오곤 했습니다.

또 제비나 참새들마저 그림 속의 소나무 가지 위에 내려앉으려고 했습니다.

어떤 새들은 소나무 가지에 둥지를 지으려고까지 했습니다.

그래서 온 나라 안에 소문이 퍼져 이런 말들이 오가곤 했습니다.

"황룡사에 가 보았어요? 황룡사 뒷벽에 큰 소나무가 그려져 있는데, 글쎄 살아 있다지 뭡니까? 그래서 온갖 새들이 날아와 앉으려다, 벽에 머리를 부딪쳐 떨어지곤 한답니다. 참 신통도 하지요……."

"아니, 그뿐만 아니랍니다. 바람이 불면 소

나무 가지들이 이리저리 흔들리고 있다지 뭡니까? 본 사람이 있대요."

이 신비스러운 소나무를 그려 놓은 사람이 바로 솔거였습니다.

그림을 그리기 위해 태어나다

솔거는 언제 어디서 태어났는지 모릅니다. 또 아버지와 어머니가 어떤 사람인지도 알려져 있지 않았습니다. 워낙 천한 신분이어서 집안의 내력이 기록으로 남아 있지 않기 때문이었습니다.

하지만 솔거는 어릴 때부터 그림 솜씨가 뛰어났습니다. 솔거가 그림을 그리기 시작한 것은 이미 젖먹이 때부터였다고 합니다. 누가 시키거나 가르쳐 준 것도 아니었습니다. 저 혼자서 꼬챙이나 젓가락을 주워 들고서는 땅바닥이나 방바닥에 무엇이든 눈에 띄는 대로 그렸습니다.

이런 솔거를 지켜보며, 어른들은 이렇게 말했습니다.

"허어, 그 놈 참, 신통하게 잘도 그리는구나."

"글쎄, 그 놈 솜씨를 보니 앞날이 환히 보이네그려. 앞으로 훌륭한 화가가 되겠어."

솔거는 자라날수록 더욱 열심히 그림을 그렸습니다. 봄, 여름, 가을, 겨울 단 하루도 그림을 그리지 않는 날이 없었습니다. 또 어떤 날은 하루 종일 그림에만 넋을 빼앗기고 있기도 했습니다. 밥 먹는 것도 잊은 채, 미친 듯이 붓을 놀리고 있을 때면, 솔거의 눈동자에서는 황홀한 기쁨이 넘쳐흐르는 것이었습니다.

솔거는 여러 곳을 떠돌아다녔습니다. 괴나리봇짐을 달랑 메고 오늘은 이 산골짜기, 내일은 또 저 강가로, 발길 닿는 대로 찾아가 머무르고 또 어디론가 훌쩍 떠나가는 것이었습니다.

솔거가 이렇게 떠돌아다닌 것은 오직 그림을 그리기 위해서였습니다. 솔거는 자기가 꿈꾸는 훌륭한 화가가 되기 전에는

결코 한 곳에 머무르려고 하지 않았습니다.

솔거는 평생 결혼도 하지 않은 채 외로이 살아가고 있었습니다. 솔거는 오직 그림을 그리기 위해서 이 세상에 태어난 사람이었습니다.

황룡사 뒷벽에 그려져 있는 늙은 소나무는 솔거가 머리끝이 희끗희끗해질 무렵에 그려 놓은 것이었습니다. 그 무렵 솔거는 이미 나라 안에서 으뜸으로 손꼽히는 화가로 알려져 있었습니다.

세월이 흘러갔습니다. 황룡사 뒷벽에 그려진 소나무 그림도 어느덧 빛이 바래 희미해져 가고 있었습니다.

그러던 어느 날, 황룡사의 한 스님이 벽에 그려져 있는 소나무에 새로 칠을 했습니다. 솔거가 그려 놓은 그대로 정성껏 물감을 다시 입혔습니다.

하지만 그 뒤부터 다시는 새들이 벽에 그려진 소나무를 향해 날아들지 않았습니다.

방아 타령과 백결 선생

마을 사람들은 백결 선생네 집을 들여다보다가 깜짝 놀라고 말았습니다.
방아 찧는 소리는 거문고에서 나오고 있었습니다.
"역시 백결 선생의 거문고 연주 실력은 정말로 놀라워."
이 때 연주한 곡이 사람들에게 전해져 '방아 타령'이라 불렸습니다.

거문고 소리로 마음을 나타내다

 백결 선생은 어느 곳 사람인지 알 수 없습니다. 다만 낭산 아래에 살았는데 아주 가난했습니다.

 낭산 아래에서는 자주 은은한 거문고 소리가 들렸습니다.

 어느 날 백결 선생의 거문고 소리를 듣고 마을 사람들이 이야기를 주고받았습니다.

 "뭔가 마음에 언짢은 일이 있으신가? 거문고 소리가 그렇게 들리네."

"아니, 자네도 이제 도사가 다 됐네그려. 거문고 소리만 듣고도 백결 선생의 기분을 아니 말야, 허허."

"그럼, 백결 선생은 세상 욕심을 모두 버리신 분이 아닌가. 그러니 거문고 소리에도 거짓이 없지 않겠나."

백결 선생은 거문고 연주를 끝내고 고개를 들어 하늘을 보았습니다. 흐렸던 하늘이 맑게 개었습니다. 파란 하늘에 흰 구름이 둥둥 떠갔습니다. 백결 선생은 하늘을 보며 빙그레 미소를 지었습니다.

백결 선생의 마음이 밝아졌습니다. 하늘 위에 흰 구름이 모양을 바꾸며 흘러가는 것처럼 거문고 소리가 경쾌하고 다양하게 변하기 시작했습니다.

마을 사람들도 백결 선생의 거문고 소리를 들으며 기분이 좋아졌습니다. 백결 선생은 일찍이 영계기(중국의 춘추 시대 곧 공자와 같은 때의 사람으로, 거문고를 튕기며 일생을 낙천적으로 살았음)라는 사람의 됨됨이를 흠모하여, 거문고를 가지고 다니면서 화가 날 때나 기쁜 일이 있을 때 모두 거문고로 마음을 나타냈습니다.

　백결 선생이 세상일에 욕심이 없다 보니 집은 점점 더 가난해졌습니다. 가난 때문에 항상 너덜너덜한 옷을 입고 있었지만 얼굴은 언제나 평안했습니다.

　당시 사람들은 옷이 해어져 100군데나 기웠다는 뜻에서 그를 백결 선생이라고 불렀습니다.

방아 찧는 소리

　어느 해 연말이었습니다.

　마을에서는 방아 찧는 소리가 났습니다. 방아 찧는 소리를 가만히 듣고 있던 백결 선생의 부인이 나지막이 한숨을 쉬며 말했습니다.

　"다른 사람들은 곡식이 있어 방아를 찧는구나. 우리 집엔 곡식이 하나도 없으니 무엇으로 설을 쇠야 하나? 앞으로 어떻게 먹고 살아야 하나."

백결 선생이 부인의 한숨 섞인 소리를 듣고는 하늘을 우러러 탄식을 하며 이렇게 말했습니다.

"무릇 사람이 죽고 사는 것은 하늘에 달린 것이오. 부자가 되는 것도 하늘이 주셔야 가능한 것이오. 오는 것도 막을 수 없고 가는 것도 따라잡을 수 없는 것이거늘, 그대는 어찌하여 마음아파하는가?"

남편의 위로에 아내는 마음이 한결 느긋해졌습니다.

"그래요. 여태껏 당신이 벌어들이는 것 없이도 우리가 죽지 않고 살아 왔네요."

백결 선생은 거문고를 튕겨 소리를 한번 내 보더니 부인에게 말했습니다.

"내 그대를 위해 방아 찧는 소리를 내 보겠소."

백결 선생은 거문고를 연주하기 시작했습니다.

거문고에서는 마치 곡식을 찧는 듯, 방아 찧는 소리가 났습니다.

백결 선생의 거문고 소리를 듣고 마을 사람들이 이야기를 주고받았습니다.

"이상하네. 아까 그 집 부인이 곡식이 한 톨도 없다고 걱정하고 있던데……."

"아니, 그럼 그 사이에 어디선가 곡식이 생겼나 보지. 그렇지 않으면 어떻게 방아 찧는 소리가 나겠나?"

"그래, 우리 그럼 백결 선생네 집에 같이 가 보세."

마을 사람들은 백결 선생네 집을 들여다보다가 깜짝 놀라고

말았습니다.

　방아 찧는 소리는 거문고에서 나오고 있었습니다.

　"역시 백결 선생의 거문고 연주 실력은 정말로 놀라워."

　이 때 연주한 곡이 사람들에게 전해져 '방아 타령'이라고 불리게 되었습니다.

문장으로 삼국 통일을 도운
강수

강수는 학자의 말처럼 보통 아이와는 달랐습니다. 누가 가르쳐 주지 않았는데도 제 스스로 책을 읽을 줄 알았고, 글의 뜻을 술술 풀이했습니다. 강수는 20세가 되기 전에 벼슬을 했습니다. 높은 관직은 아니었지만, 학문이 깊어 강수의 이름을 모르는 사람이 없었습니다.

🌸 머리에 뿔이 난 아이

중원경(지금의 충청북도 충주) 사량부에 사는 나마(신라 때의 벼슬) 석체의 부인이 아기를 낳았습니다.

"에구머니! 무슨 아기가 이렇게 생겼을까?"

아이 낳는 것을 돕던 이웃집 할머니는 아기를 보자마자 소리를 질렀습니다.

문 밖에서 아기가 태어나길 초조하게 기다리고 있던 석체가 달려가 물었습니다.

"무슨 일입니까?"

"뒷머리가 뿔처럼 튀어나왔다우. 이렇게 생긴 아기는 처음 보겠네."

아기를 본 석체도 눈이 휘둥그레졌습니다. 언젠가 부인이 해 준 꿈 이야기가 생각났습니다. 꿈 속에 뿔이 달린 사람이 나타났다고 했습니다.

'알 수 없는 일이로다. 어째서 그런 꿈을 꾸고 난 후에 이런 사내아이가 태어난 것일까?'

석체는 아무리 생각해 보아도 보통 아기가 아닌 것만 같았습니다. 그래서 석체는 몇 달 후 아기를 안고 학식이 깊은 사람을 찾아갔습니다.

"아이의 뒷머리가 뿔처럼 튀어나왔습니다. 아이의 상을 잘 보아 주십시오."

아기를 유심히 살펴본 학자가 대답했습니다.

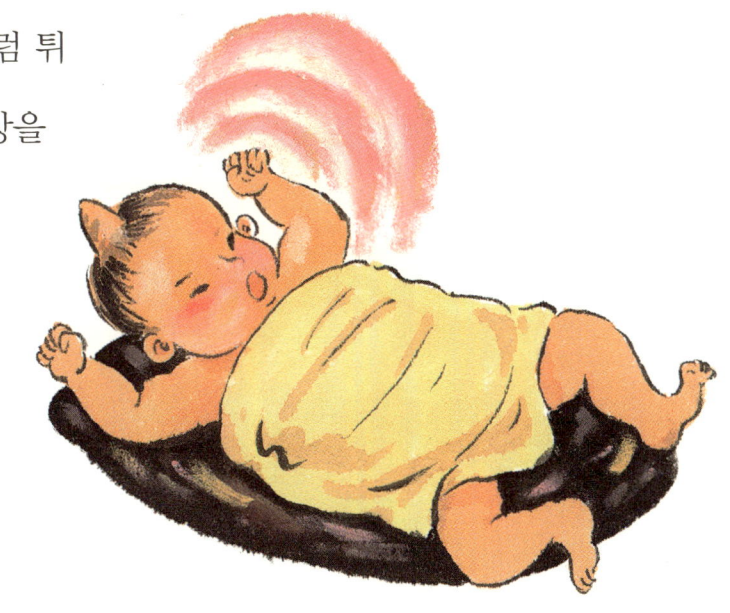

"예부터 크게 될 사람은 보통 사람과 다른 모습으로 세상에 태어났지요. 복희씨(중국의 시조로 삼황오제 가운데 우두머리)는 호랑이의 모습이었고, 여와씨(삼황오제 가운데 하나로, 중국의 천지 창조 신화에 나오는 여신)는 뱀의 몸이었소. 또한 신농씨는 사람의 몸에 소의 머리를 하였고, 고요(중국 순임금 때 형벌을 판단하는 역할을 맡아 선정을 베풀었음)는 말의 입을 하고 있다

고 들었소. 아이의 뒷머리가 뿔처럼 튀어나온 것도 그런 것이라 여겨지오."

학자는 석체에게 가까이 오라고 했습니다.

"자, 여기를 보시오. 여기, 머리에 사마귀가 있소. 얼굴에 난 사마귀는 좋지 않지만 머리에 난 사마귀는 나쁘지 않은 법이오. 이 아이는 보통 아이가 아니오. 반드시 큰일을 할 인물이 될 터이니 잘 기르시오."

"그게 정말입니까?"

석체는 기뻐했습니다. 하늘이 훌륭한 인물을 내려 주시려고 아내에게 그런 꿈을 꾸게 한 것이라 생각하면서 집으로 돌아왔습니다.

석체는 부인에게 이렇게 말했습니다.

"이 아이는 보통 아이가 아니오. 앞으로 큰 인물이 될 거라고 했소. 그러니 잘 기릅시다."

이 아이가 훗날 신라 제일의 학자로 이름을 떨친 강수였습니다. 강수의 어릴 적 이름은 자두였습니다.

🌸 학문이 더욱 깊어지다

강수는 학자의 말처럼 보통 아이와는 달랐습니다. 누가 가르쳐 주지 않았는데도 제 스스로 책을 읽을 줄 알았고, 글의 뜻을 술술 풀이했습니다.

"어린 아이가 어떻게 글을 읽고 또 뜻을 다 아는지 신통하기 짝이 없네."

"될성부른 나무는 떡잎부터 안다는데, 이 아이는 반드시 큰 문장가가 될 것이 틀림없네!"

가까이 사는 선비들이 강수의 문장 실력을 시험해 보고 나서 하는 말이었습니다. 어린 강수는 선비들이 묻는 말에 척척 대답했습니다.

강수의 아버지가 어느 날 아들에게 물었습니다.

"너는 불교를 배울 생각이냐, 아니면 유교를 배울 생각이냐?"

"저는 유교를 배우고 싶습니다."

"유교를? 그건 어째서냐?"

"제가 듣기로는 불교는 세상 밖의 가르침이라 했습니다. 저는 세상에 살고 있는 사람인데 어찌 그런 학문을 배우겠습니까? 저는 공자의 가르침을 배워 학자가 되고자 하옵니다."

"네 뜻이 그러하다면 유교를 배우도록 하여라. 이제부터 훌륭한 스승을 찾아가 더욱 부지런히 학문을 닦도록 하여라."

아버지의 말씀대로 강수는 고을에서 가장 이름난 스승을 찾아갔습니다. 스승으로부터 듣고 배우는 것도 많았지만, 혼자 깨달아 얻는 것이 더 깊고 넓었습니다.

어느 날 스승이 말했습니다.

"이제, 나는 너를 더 이상 가르칠 것이 없구나. 그러니 이제부터는 혼자 책을 읽는 것이 더 좋을 것 같구나."

강수도 그렇게 느끼고 있던 참이었습니다. 강수는 혼자 책과 씨름하기 시작했습니다.

강수는 20세가 되기 전에 벼슬을 했습니다. 높은 관직은 아니었지만, 학문이 깊어 강수의 이름을 모르는 사람이 없었습니다.

강수가 20세가 되었을 때 아버지는 용모와 행실이 고운 처녀를 구해 며느리로 삼으려고 했습니다.

"아버님, 죄송합니다. 저에게는 이미 결혼을 약속한 사람이 있습니다. 대장장이의 딸인데 때가 되면 결혼을 하려고 하니 허락하여 주십시오."

"세상에 너를 모르는 사람이 없는데 어찌 그런 사람의 딸을 아내로 삼으려고 하느냐?"

강수는 아버지께 두 번 절을 올린 다음 무릎을 꿇고 말했습니다.

"아버님, 가난하고 천한 것은 부끄러운 것이 아닌 줄로 아옵니다. 도를 배우고도 그것을 실천하지 않는다면 어찌 선비라고 할 수 있겠습니까? 제가 가난한 서생일 때, 고생하며 저를 도운 여자를 이제 와서 어찌 버릴 수 있단 말입니까?"

석체는 아무 말 없이 잠자코 듣고만 있었습니다.

강수는 계속해서 간곡히 말했습니다.

"옛 사람의 말씀에 조강지처(가난할 때 고생을 함께 겪어 온 아내)는 내쫓을 수 없고 가난할 때에 사귄 친구는 잊을 수 없다

문장으로 삼국 통일을 도운 **강수**

고 했습니다. 그렇듯이 함께 고생한 여자를 버릴 수는 없습니다. 그것이 사람의 도리임을 배운 제가 어찌 그런 짓을 할 수 있겠습니까? 아버님, 저의 뜻을 받아 주십시오."

아들 강수의 말을 듣고 있던 석체는 더 이상 고집부리지 않았습니다.

당나라 황제의 편지

어느 해, 당나라 고종 황제가 사신을 보냈습니다. 태종 무열왕의 즉위를 축하하는 사신이었습니다. 사신은 당나라 황제가 보낸 편지를 내놓았습니다.

그런데 당나라 황제가 보낸 편지는 알 수 없는 말이 많고, 하도 어려워 학문이 깊다는 조정 대신들조차 뜻을 풀지 못해 쩔쩔매고 있었습니다.

"도대체 무슨 뜻인지 알아야 답서를 올릴 수 있지 않은가? 답답한 일이로다! 우리나라에 이만한 글을 해석해 낼 인재가 없단 말이오? 경들은 좋은 생각이 있으면 말해 보시오."

무열왕은 신하들을 돌아보며 못마땅한 듯 말했습니다.

"황공하옵니다. 강수라 하는 사람의 학문이 뛰어나다고 들었사온데, 그 사람을 불러 봄이 어떠하올지요."

한 신하가 나서서 송구스러운 듯 머리를 조아렸습니다.

"그 사람을 당장 불러 오도록 하오."

왕의 부름을 받은 강수는 급히 대궐로 들어갔습니다. 그러나 무열왕은 강수의 외모를 보고 실망했습니다.

"당나라 황제가 보내 온 글인데, 자네가 읽고 뜻을 해석할 수 있겠는가?"

무열왕은 썩 마음이 내키지 않는 것처럼 물었습니다.

"분부하신 대로 해석해 보겠나이다."

강수는 당나라 황제의 글을 한 번 훑어보았습니다. 그리고 즉시 조금도 막힘이 없이 설명하기 시작했습니다. 강수의 설명을 듣고 있던 왕과 신하들은 모두 깜짝 놀랐습니다.

"오! 내 이런 인재가 있다는 것을 몰랐구나. 나의 허물이 크

다. 그래, 그대는 어디 사는 누구인고?"

무열왕은 기뻐 어쩔 줄 몰라 하며 물었습니다.

"저는 본래 가야국 사람이옵니다. 이름은 강수라 하옵니다."

"내가 경을 일찍 알지 못한 것이 한이 되는구려. 경의 머리를 보니 강수 선생이라고 부를 만하오. 경과 같은 학식이 높은 인재를 얻게 되어 참으로 기쁘오. 경은 당나라 고종 황제의 편지에 대한 회신을 지어 올리도록 하시오."

무열왕은 강수에게 당나라 황제에게 올리는 글을 짓도록 명했습니다. 강수가 지어 올린 글은 뜻이 깊고 필체 또한 화려했습니다. 왕은 강수를 더욱 사랑하고 아껴 주었습니다. 그리고 임생이라 불렀습니다.

남편의 뜻을 받든 아내

강수는 집안 살림을 돌보지 않고 학문을 닦는 데만 열중하여 종종 끼닛거리가 떨어질 때도 있었습니다. 무열왕은 강수의 집안 살림이 어렵다는 것을 알고 해마다 곡식 100석을 보내 주라고 명했습니다.

무열왕의 뒤를 이어 왕위에 오른 문무왕 또한 강수에게 높은 벼슬을 내리고 해마다 곡식 200석을 내려 주었습니다.

그러고는 강수를 칭찬하는 말을 잊지 않았습니다.

"강수는 문장으로서 당나라와 고구려, 백제에 뜻을 전하여 우호를 맺는 데에 성공했다. 선왕이신 무열왕께서는 당나라에 원군을 청하여 삼국을 통일한 것은 군사들의 힘이라고 하지만, 어찌 그렇게 되도록 한 문장의 힘을 가볍게 볼 수가 있겠는가? 글을 쓴 강수의 공을 소홀히 생각할 수가 없도다."

강수는 문무왕 다음 왕인 신문왕 때에 조용히 눈을 감았습니다. 강수의 장사는 나라에서 치러 주었습니다.

옷감이며 곡식이 쏟아져 들어왔지만, 강수의 식구들은 하나도 빼 놓지 않고 모두 절로 보냈습니다.

신문왕은 강수의 아내가 생활이 안 될 만큼 가난하여 고향으로 돌아가려 한다는 것을 알게 되었습니다. 신문왕은 강수의 식구들에게 곡식 100석을 내려 보냈습니다.

그러나 강수의 아내는 받지 않았습니다.

"저는 본시 천한 사람이옵니다. 그 동안 입고 먹는 것을 남편에 의지하여 임금님의 은혜를 입은 일이 많았사옵니다. 그러나 지금은 혼자의 몸으로 어찌 하사품을 받을 수 있겠사옵니까?"

강수의 아내는 신문왕의 하사품을 끝까지 받지 않았습니다. 그러고는 고향으로 돌아가 가난하게 살다가 세상을 떠났습니다.

이두를 만든 설총

설총이 이처럼 중국의 경서들을 널리 가르치고 퍼지게 한 것은 학문하는 방법을 크게 바꾼 것이라 할 수 있습니다. 또한 한문에 토를 다는 법이나 풀어 새기는 방법을 연구한 설총 덕분에 학문이 쉽게 발전되었습니다.

원효의 아들로 태어나다

설총의 아버지는 원효입니다. 원효는 불교를 깊이 연구하여, 많은 책을 만든 큰 스님입니다. 원효는 깊은 산 속에 들어앉아 불경을 읽고 수도만 하는 보통 스님들과는 달랐습니다.

스스로를 '소성 거사' 라 부르고, 절을 떠나 거지처럼 마을을 돌아다니며 밥을 얻어먹었습니다. 원효는 여러 마을을 거치면서 많은 사람들과 어울렸습니다. 그렇지만 원효를 무시하거나 욕하는 사람은 아무도 없었습니다. 보통 사람이 상상도 못 할 만큼 깊은 학문을 지닌 스님이었기 때문입니다.

 어느 날 무열왕이 원효를 요석궁에 들게 하고, 남편이 죽어 혼자 살고 있는 공주와 함께 지내도록 했습니다.

 원효와 공주 사이에서 태어난 아이가 설총입니다. 설총은 아주 어려서부터 총명하고 재주가 남달리 뛰어났습니다.

 그러나 설총은 자신의 출생을 떳떳하게 말할 수 없었습니다.

 왜냐하면 '중이 장가를 들어 낳은 자식'이라고 손가락질을 받을 것 같았기 때문입니다.

 이름 높은 스님의 아들인 설총은 불교와 인연을 끊었습니다. 그리고 공부에 정열을 쏟아 학자가 될 것을 결심했습니다.

 이 무렵에는 신라와 당나라 사이에 무역이 잦았습니다. 많은 스님이 당나라에서 불교를 공부하고 돌아왔습니다. 그리고 스님들을 통해 중국 학문이 전해져 들어왔습니다.

 설총은 중국 학문에 몰두했습니다. 설총은《시경》,《서경》,《예기》,《역경》,《춘추》,《효경》,《논어》,《맹자》,《이아》 등에 한자의 음과 뜻을 빌려 우리말을 적어, 제자들이 쉽게 공부할 수 있도록 만들어 가르쳤습니다. 이렇게 한자의 음과 뜻을 빌려 우리말을 적는 것을 '이두'라고 합니다. 이두는 그 전에도 있었으나 사람들을 가르치고, 널리 쓰이게 한 것은 설총의 공이라 할 수 있습니다.

설총이 이처럼 중국의 경서들을 널리 가르치고 퍼지게 한 것은 학문하는 방법을 크게 바꾼 것이라 할 수 있습니다.

또한 한문에 토를 다는 법이나 풀어 새기는 방법을 연구한 설총 덕분에 학문이 쉽게 발전되었습니다.

훗날, 고려 때 현종은 설총이 유학을 널리 퍼뜨린 분이라는 뜻으로 홍유후라는 칭호를 내리고, 공자를 모시는 사당에 같이 모셔 제사를 지냈습니다. 고려나 조선 시대에 유학자로서 설총의 공을 더욱 높이 떠받든 것을 보면, 설총이 유학에 끼친 업적이 얼마나 큰지 알 수 있습니다.

이처럼 이름난 설총이었지만, 당시 썼던 문장이나 작품이 거의 다 사라진 것은 참으로 안타까운 일입니다. 다만, 신문왕에게 강론한 '화왕계'가 《삼국사기》에 실려 있을 뿐입니다.

🌼 임금에게 들려 준 화왕 이야기

어느 여름날, 신문왕은 바람이 잘 통하는 방으로 설총을 불렀습니다.

"오늘은 오랫동안 내리던 비가 그치고, 바람이 조금 시원해졌구려! 그러니 맛있는 음식이나 아름다운 음악도 좋지만 재미있는 이야기로 울적한 마음을 푸는 것이 나을 것 같소! 그대는 지식이 풍부한 학자이니, 재미있고 도움 되는 이야기를 내게 들려주기 바라오!"

신문왕의 청에 설총은 이렇게 대답했습니다.

"옛날, 화왕(모란꽃)이 처음 올 때의 이야기를 전해 드릴까 하옵니다."

"그것도 좋지! 어디 들어 봅시다."

화왕을 봄 동산에 심고 장막을 쳐서 가꾸었습니다. 그랬더니 봄이 되자 참으로 아름다운 꽃이 피어났습니다. 화왕은 다른 모든 꽃들보다 뛰어나게 아름다웠습니다. 그래서 멀고 가까운 곳에 있던 여러 꽃들이 행여 뒤질세라 분주히 화왕에게 찾아왔습니다. 그런데 빨간 얼굴과 옥 같은 이를 가진 예쁜 꽃 하나가 곱게 단장을 하고 다가와서 얌전히 말했습니다. "저는 눈같이 흰 모래를 밟고, 거울처럼 맑은 바다를 대하고, 봄비에 깨끗이 목욕하며, 맑은 바람 속에서 살아왔사옵니다. 제 이름은 장미라고

합니다. 임금님께서 어질다는 소문을 듣고 이렇게 왔사옵니다. 향기로운 장막에서 임금님을 모시고자 하오니 저를 허락해 주시옵소서."라고 말입니다.

그 때 한 장부가 나타났습니다. 베옷에 가죽 띠를 두르고 하얗게 센 머리에 지팡이를 짚고 굽은 허리로 흔들거리며 걸어 들어

왔습니다.

"저는 성문 밖 큰길 가에 삽니다. 아래로는 넓은 들의 경치를 바라보고, 위로는 높은 산을 의지하며 살고 있지요. 이름은 백두옹(할미꽃)이라고 하옵니다. 생각하건대, 온갖 맛있는 음식을 잡수시고 향기로운 차와 술로 정신을 맑게 할지라도 상자 속에는 기운을 돋우는 양약과 독을 없애는 극약이 있어야 합니다. 옛 사람들이 말하기를, 귀한 물건이 있더라도 천한 물건을 버리지 말라고 했습니다. 그래서 모든 군자들은 모자람에 대비하여 항상 준비하고 있었사온데, 임금님께서는 어떠하신지요?"

그 때 한 신하가 말했습니다.

"상감마마, 둘이 왔으니 누구를 취하고 누구를 버리겠습니까?"

화왕은 망설였습니다.

"장부의 말에도 이치가 있고, 아름다운 여인 또한 얻기 어려운 것이다. 이를 어찌하면 좋단 말인가?"

그러자 장부가 나서서 말했습니다.

"소인은 총명하신 임금님께서 모든 일을 잘 분간하시리라 믿었는데 지금 보니 잘못 생각한 것 같습니다. 임금이 된 사람은 아첨하는 자를 가까이하지 않고, 정직한 자를 멀리하지 않는 이가 드뭅니다. 그러므로 맹자도 불우하게 일생을 마쳤으며 풍당(중국 한나라 문제 때의 사람)도 평생을 낮은 관직으로 살았습니다. 옛날부터 이러했으니 소인인들 어찌하겠습니까?"

이 말을 들은 화왕은 급히 말했습니다.

"내가 잘못했다. 내가 잘못했다!"

설총은 이렇게 이야기를 끝냈습니다.

이야기를 듣고 난 뒤 신문왕은 얼굴빛이 변했습니다. 그러다가 입을 떼었습니다.

"그대의 이야기에 진실로 깊은 뜻이 담겨 있구려. 지금까지 내게 들려 준 이야기를 글로 써서 앞으로 왕이 되는 사람에게 경계를 삼도록 하오!"

신문왕은 설총에게 높은 벼슬을 내리고, 또한 설총의 충고를 늘 받아들였다고 합니다.

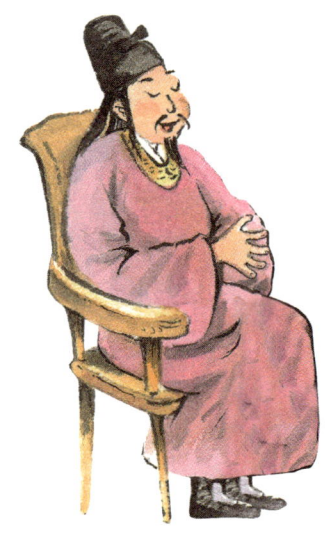

천하의 명필
김생

김생은 평생을 오직 서예에만 매달려 온 사람이었습니다.
김생의 글씨는 모두 신묘한 경지에 이르렀습니다.
고려 시대의 학자들은 김생의 글씨를 보배로 여겼습니다.

🌼 글씨를 잘 쓰는 신동

신라가 낳은 천하의 명필 김생은 제33대 성덕왕 10년(711)에 태어났습니다. 김생의 집안은 신분이 천하여 기록으로 남아 있지 않았습니다. 김생은 어려서부터 글씨를 잘 써서 신동이란 소리를 들었습니다.

김생은 평생을 오직 서예에만 매달려 온 사람이었습니다. 철부지 어린 시절에도 김생은 한 번 붓을 들면 하루해가 어떻게 가는지도 몰랐습니다. 어떤 날은 밥 먹는 것도 잊은 채 붓

놀림에 정신을 빼앗기기도 했습니다.

그런 하루하루가 없었더라면 어찌 명필 김생이 있을 수 있었겠습니까. 김생은 나이 80이 넘어서도 하루라도 붓을 놓아 본 적이 없었습니다.

김생의 글씨는 모두 신묘한 경지에 이르렀습니다. 고려 시대의 학자들은 김생의 글씨를 보배로 여겼습니다.

중국의 학자들도 놀라다

고려의 사신 홍관이 중국으로 갔을 때였습니다. 홍관은 북송의 서울인 변경에 머물고 있었습니다.

어느 날 그 곳 학자로서 이름이 높은 한림대조 양구와 이혁이 자기 나라 황제의 칙서를 받들고 찾아왔습니다.

양구와 이혁, 홍관은 이런저런 이야기를 나눈 끝에 붓을 들고 글씨를 쓰고 그림을 그리게 되었습니다.

홍관은 그 때 마침 김생의 글씨 한 권을 가져온 것이 있어서

양구와 이혁에게 보여 주었습니다.

그러자 그 두 사람은 갑자기 두 눈이 휘둥그레지며 놀란 목소리로 말했습니다.

"오늘 여기서 왕우군(중국 진나라 때의 명필 왕희지)의 글씨를 보게 될 줄은 미처 몰랐소. 도대체 이 보물을 어디서 구했단 말이오."

"왕우군의 글씨 가운데에서도 이런 명필은 처음 보겠소. 우리야 감히 흉내도 내지 못할 것이오. 글씨가 마치 살아서 꿈틀

거리는 것 같지 않소? 왕우군의 글씨가 틀림없소."

홍관은 웃으며 말했습니다.

"아니오. 이것은 왕우군의 글씨가 아니라 신라의 김생이 쓴 것이오."

양구와 이혁은 좀처럼 고려 사신 홍관의 말을 믿으려고 하지 않았습니다.

"허허, 농담이 지나치시구려. 천하에 왕우군이 아니라면 누가 이런 명필을 쓸 수 있단 말이오. 김생이란 생전 처음 듣는 사람의 이름이 아니오."

"그러게 말이오. 이런 명필이 어째서 지금까지 알려지지 않았겠소. 왕우군의 글씨가 틀림없을 거요. 참으로 놀라운 솜씨요."

양구와 이혁은 끝내 이렇게 고집을 부렸다고 합니다.

김생이 죽고 난 뒤에도 김생의 글씨는 많은 사람들의 사랑을 받아 왔습니다.

김생의 글씨는 큰 보배처럼 대를 이어 전해졌습니다.

외로운 천재
최치원

최치원은 도둑 떼를 꾸짖는 글을 써서 방방곡곡에 붙이도록 했습니다.
최치원의 글을 보고 코웃음을 치던 황소는 점점 파랗게 질리기 시작했습니다.
최치원의 생각대로 도둑 떼는 무너지고 나라는 다시 평화로워졌습니다.

❀ 당나라로 유학을 떠나다

최치원은 신라 제47대 헌안왕 때 서라벌의 사량부에서 태어났습니다. 사량부는 6부의 하나로 최씨가 모여 살던 마을이었습니다.

"아무래도 최씨 가문에 큰 인물이 태어난 것 같습니다."

"그 아이는 하늘의 문창성이라던데, 그렇다면 장차 크게 되어 후세에 이름을 떨칠 것입니다."

문창성이란 북두칠성의 여섯째 별을 말하는 것입니다. 최치원의 어머니는 사량부 뒷산 일악령의 바위 동굴에서 기도하는 동안 문창성의 정기를 받아 최치원을 낳았다는 것이었습니다. 뒤에 최치원의 시호를 문창후라고 한 것도 그 때문이었습니다.

최치원은 태어난 지 석 달째부터 말을 했습니다. 또한 바닷가 망월루라는 누각에서 하늘이 보낸 선비들에게 글을 배웠다고 합니다. 최치원은 성격이 꼼꼼하고 민첩했으며 학문을 좋아했습니다.

최치원은 12세가 되던 해에 당나라로 가서 공부할 것을 결심했습니다.

그러던 어느 날 최치원은 아버지와 어머니 앞에 무릎을 꿇고 앉아 당나라로 가서 큰 학문을 배우고 싶다는 뜻을 말씀드렸습니다.

"네 생각은 좋다만 우리 형편으로는 어렵구나."

"부모님께서 걱정하시지 않도록 어떻게 하든지 제 힘으로 해 보겠습니다."

"너의 생각이 정 그렇다면 어쩔 수 없구나. 다만 아버지와 한 가지 분명하게 약속할 게 있느니라."

"예."

최치원은 아버지의 눈을 똑바로 쳐다보며 대답했습니다.

"십 년 안에 당나라 조정에서 치르는 과거 시험에 합격하도록 하여라. 만약 그러지 못하면 다시는 애비와 만나지 못할 것이다. 명심하여라."

"예, 아버님과의 약속을 꼭 지키겠습니다. 그리고 저의 큰 뜻을 꼭 펴고야 말겠습니다."

최치원은 야무지게 입을 다물면서 아버지와의 약속을 지킬 것을 다짐했습니다.

이 무렵, 신라에서는 당나라로 유학생을 많이 보냈습니다. 당나라의 앞선 문화를 배울 수 있을 뿐만 아니라, 이들을 통해 당나라의 정세도 파악할 수 있었기 때문입니다.

당나라 역시 신라 유학생을 통해 신라의 국내 사정을 파악하고 있었습니다.

신라와 당나라 사이에 불편한 일이 없도록 하기 위한 외교적인 제도였습니다.

그러나 최치원은 어느 누구의 도움도 없이 혼자 힘으로 길을 떠났습니다.

당나라로 건너간 최치원은 혼자서 발이 부르트도록 스승을 찾아다녔습니다.

신라에서 유학 온 재능이 뛰어난 어린 소년이 스승을 찾는다는 말을 들은 어느 재상이 최치원을 집으로 불렀습니다.

"혼자 이 곳에서 공부를 하겠다고?"

"예, 그럴 생각입니다."

최치원은 굳게 말했습니다.

"아직 정한 곳이 없다면 내 집에 있어도 좋네."

"고맙습니다. 이 은혜를 잊지 않고 열심히 공부하여 훌륭한 사람이 되겠습니다."

재상의 집에는 신라에서 구하기 힘든 귀중한 책들이 많았습니다. 최치원은 새로운 것을 배운다는 것이 너무너무 즐거웠

습니다. 최치원은 날마다 책 속에 파묻혀 지낼 수 있어서 신이 났습니다.

최치원의 뛰어난 글재주와 지혜는 곧 재상의 입을 통해 당나라 황제 의종에게까지 알려졌습니다.

"내가 최치원의 지혜를 시험해 보리라."

의종은 입구를 봉한 상자를 최치원에게 보냈습니다.

"만일 이 속에 든 것이 무엇인지 알아내지 못하면 즉시 신라로 쫓아 보내겠다고 하셨소."

신하의 말을 들은 최치원은 상자를 받아서 몇 번 이리저리 기울이더니 붓을 들었습니다.

둥글고 둥근 돌 가운데 든 것이

반은 백금, 반은 황금이네.

새벽마다 시간을 알리는 새가

아직은 소리를 내지 못 하네.

최치원은 이러한 내용의 시를 지어서 황제에게 올렸습니다.

돌 상자 안에 든 것은 달걀이었습니다. 달걀의 흰자와 노른자를 백금과 황금에 비유한 것입니다. 또 달걀은 장차 닭이 되면 새벽마다 시간을 맞춰 우는데, 아직은 달걀이기 때문에 소리를 내지 못하고 있다는 뜻이었습니다.

"과연 지혜로운 인물이오. 잘 키워서 장차 귀하게 쓰도록 하시오."

의종은 최치원의 지혜를 높이 칭찬했습니다.

당나라의 과거에 합격하다

의종이 죽고 희종이 황제가 되던 해(874)에 최치원은 당당히 과거에 급제를 했습니다. 최치원의 나이 18세, 신라를 떠난 지 6년째 되는 해였습니다. 당나라로 유학을 떠나기에 앞서 아버지와 한 약속을 앞당겨 지켰던 것입니다.

최치원은 표수현이란 고을의 현위라는 벼슬을 하게 되었습니다. 남의 나라에서, 그것도 18세의 어린 나이로 높은 벼슬자리에 올랐지만 최치원의 학문이나 지혜는 누구도 얕잡아 볼 수 없었습니다.

최치원의 이름은 당나라에 널리 알려졌습니다. 최치원의 주변에는 항상 많은 학자들이 끊임없이 찾아들었습니다.

　높은 벼슬을 하고, 많은 사람의 존경을 받았지만 최치원은 조국 신라를 잠시도 잊을 수가 없었습니다.

　　달 밝은 가을밤에 시를 읊어도
　　이 곳은 외국이라 마음만 외롭고
　　깊은 밤 창 밖에는 빗소리 처량한데,
　　등불 앞의 마음은 만 리 고향을 가네.

　최치원은 밤이면 이렇게 고향을 그리는 시를 읊으며 외로움을 달래기도 했습니다.

어느 날 희종은 신하에게 말했습니다.

"표수현 현위는 어진 정치를 한다고 사람들의 칭찬이 자자하던데……."

"예, 그러하옵니다. 그뿐만 아니오라 글재주 또한 뛰어나다고 하옵니다."

희종은 최치원을 가까이 두고 싶었습니다. 그래서 조정으로 불러들였습니다.

최치원은 승무랑 시어사 내공봉이란 벼슬자리에 오르고 황제로부터 자금어대(물고기 모양의 장식이 붙어 있는 주머니)를 하사받았습니다. 자금어대는 나라에 큰 공이 있는 신하를 표창하는 것이니 신라 사람인 최치원에게는 큰 영광이었습니다.

황소의 도둑 떼를 무너뜨리다

최치원이 23세 때, 황소라는 사람이 거느린 도둑 떼가 난리를 일으켰습니다.

희종 황제는 고변을 제도행영 병마도통에 앉히고 최치원을 종사관으로 임명하여 황소의 도둑 떼들을 무찌르라고 했습니다. 종사관이란 부관과 같은 지위였습니다.

당시 황소의 도둑 떼들은 전국 곳곳에서 백성들을 괴롭히고 있었습니다. 나라의 군대로도 도둑 떼들을 물리치기가 어려웠습니다.

희종은 고변과 최치원에게 물었습니다.

"무슨 좋은 대책이 없겠소?"

"신이 아뢰옵겠습니다. 우선 황소 무리들의 사기를 떨어뜨려야 할 줄로 아옵니다."

최치원이 대답했습니다.

"그럴 방도라도 있소?"

"제가 도둑 떼를 꾸짖는 글을 써서 붙이겠습니다. 그리고 모든 백성들이 함께 일어나서 고장을 지키도록 해야 합니다."

"좋은 생각이오. 그럼 그렇게 해 보시오. 최 종사관의 지혜와 글솜씨라면 어렵지 않을 것이오."

희종은 최치원의 말에 힘을 얻었습니다.

최치원은 도둑 떼를 꾸짖는 글을 써서 나라 곳곳에 붙이도록 했습니다. 그리고 병마도통 고변은 각 고을마다 모두 힘을 합쳐 자기 고을은 스스로 지키라는 명령을 내렸습니다.

'어린 놈이 건방지게 감히 나를 꾸짖어?'

최치원의 글을 보고 코웃음을 치던 황소는 점점 파랗게 질리기 시작했습니다.

'천하의 모든 백성과 땅 속의 귀신들까지도 너를 죽이기로

의논했다.'

코웃음을 치던 황소도 이 구절에서는 몸을 부들부들 떨었습니다. 최치원의 생각대로 도둑 떼는 무너지고 나라는 다시 평화로워졌습니다.

🌸 고향으로 돌아와 방랑 생활을 하다

최치원이 당나라에 온 지도 16년이 지나고 있었습니다. 고향이 그립고, 가족이 보고 싶은 마음은 더해만 갔습니다.

최치원은 조국 신라로 돌아가겠다고 했습니다. 당나라에서는 더 높은 벼슬을 주겠다며 붙잡았지만 최치원은 조국 신라로 떠나는 배에 몸을 실었습니다.

16년 만에 돌아온 고향은 생각한 것보다 많이 변해 있었습니다. 당나라에서 듣던 것과는 달리 신라의 조정은 어지럽게 돌아가고 있었습니다.

당나라에서 벼슬을 하다가 돌아온 최치원을 알아주는 사람도 없었습니다.

 최치원은 신라 제51대 진성 여왕 8년(894)에 겨우 아찬이란 벼슬자리를 받았지만 곧 그만두었습니다. 그러고는 붓 한 자루를 들고 지팡이를 짚고 마치 외로운 구름처럼 떠돌아다녔습니다.

 천 년의 빛난 역사가 낙엽처럼 지려는 신라 말기에 최치원은 가야산으로 들어갔습니다.

 뒷날 최치원을 아끼는 사람들은 최치원이 신선이 되어 푸른 학을 타고 가야산 봉우리를 넘어갔다고 했습니다. 또 어떤 사람은 최치원이 홍류봉 바위 언덕에 앉아서 시를 읊고 피리를 부는 것을 보았다고도 했습니다.

아름다운 사랑을 보여 준
도미와 그의 아내

도미의 아내를 태운 조각배가 닿은 곳은 천성도라고 하는 외딴 섬이었습니다. 도미의 아내는 그 곳에서 장님이 된 채 풀뿌리를 캐어 먹으며 살고 있는 도미를 만났습니다. 두 사람은 한동안 서로 부둥켜안은 채 눈물만 하염없이 흘렸습니다.

🌸 억울하게 붙잡히다

 백제 제4대 개루왕 때 도미라는 사람이 살고 있었습니다. 도미는 매우 가난하여 조그만 오두막에서 살았으나 무척 행복했습니다. 도미의 가장 큰 기쁨은 사랑하는 아내가 곁에 있다는 것이었습니다.

 도미의 아내는 무척 아름다웠습니다. 게다가 마음씨는 얼마나 착한지 마을 사람들은 모두 도미의 아내를 칭찬했습니다.

 "이 세상에서 도미의 아내처럼 아름답고 착한 여자도 드물

거야. 암, 그렇고 말고."

"남정네가 말이라도 붙여 보려고 해도 눈길 한 번 주지 않는다고 하더라."

"그처럼 곧은 절개를 누가 꺾을 수 있겠어?"

"옳은 말이야. 아무리 세상 사람들이 변한다고 해도, 도미의 아내만은 끝까지 절개를 지킬 거야."

도미의 아내에 관한 소문은 온 나라에 퍼졌습니다.

마침내 이 소문은 개루왕의 귀에까지 들어갔습니다. 개루왕은 매우 엉큼하고 심술궂은 사람이었습니다. 개루왕은 느닷없이 명을 내렸습니다.

"도미란 자가 누구냐? 당장 잡아 오도록 하라."

개루왕은 영문을 모른 채 끌려온 도미를 향해 물었습니다.

"네가 도미냐? 듣거라. 네 아내가 절개가 곧기로 소문이 났다는데, 그게 사실이냐?"

"예, 그러하옵니다."

"과연 그럴까? 그러나 속마음까지 어찌 알겠느냐? 만일 사람이 없는 외딴 곳에서 그럴 듯한 말로 꾀면 마음이 움직이고 말게야. 안 그런가?"

그러나 도미는 머리를 내저으며 말했습니다.

"아니옵니다. 다른 여자는 몰라도 제 아내는 그렇지 않습니다. 비록 죽는 일이 있더라도 변하지 아니할 것이옵니다."

"온갖 금은보석으로 꾄다고 해도?"

"예."

"임금인 내가 꾀어도?"

"예."

"허어, 그렇다면 과연 헛소문이 아닌 것 같구나."

아름다운 사랑을 보여 준 **도미와 그의 아내** 67

개루왕은 이렇게 말하며 도미를 안심시켰습니다. 그러고는 도미를 궁중에 머물게 하고 엉뚱한 일을 꾸몄습니다.

'절개가 곧다고? 내가 시험해 보고 싶구나.'

개루왕은 심복(마음 놓고 부릴 수 있는 사람) 신하를 불러 임금의 옷을 입히고, 또 임금의 가마에 태웠습니다. 그리고 다른 신하를 딸려 도미의 집으로 보냈습니다.

도미의 아내를 시험한 개루왕

가짜 개루왕의 행차가 도미의 집 앞에 도착했습니다. 앞선 신하가 먼저 들어가 개루왕이 찾아왔다고 알렸습니다. 도미의 아내가 공손히 마중을 나왔습니다. 가짜 개루왕은 이렇게 말했습니다.

"오, 그대가 도미의 아내인가? 내 일찍이 그대의 아름다움에 대한 얘기를 들었노라. 그래서 오늘은 도미를 궁중으로 불러 서로 내기를 하여 내가 그대를 차지하게 되었느니라. 그런즉

오늘부터 그대를 궁녀로 삼을까 하노라. 그대는 이제 내 사람이 되었으니 그렇게 알라."

그리고 방 안으로 들어가 도미의 아내에게 시중을 들게 했습니다. 도미의 아내는 금방이라도 숨이 막혀 죽을 것 같았습니다.

하지만 도미의 아내는 슬기로웠습니다. 도미의 아내는 살그머니 웃음을 지으며 말했습니다.

"예, 알겠사옵니다. 임금님께서 하시는 말씀이오니 마땅히 그렇게 따르겠습니다. 하오나, 잠깐만 방 안에서 기다려 주소서. 새 옷으로 갈아입고서 들어가 모시겠나이다."

도미의 아내는 그렇게 말하고 나서 자기 대신 여자 하인을 방으로 들여보냈습니다.

다음 날 가짜 개루왕은 자신이 속은 것을 알았습니다. 가짜 개루왕은 왕궁으로 달려와 개루왕에게 이 사실을 모두 이야기했습니다. 개루왕은 당장 도미를 잡아 오게 했습니다.

"네 이놈! 네 죄를 네가 아는가?"

개루왕은 두 눈을 부릅뜨고 도미를 노려보며 소리쳤습니다.

"예? 저는 아무 죄가 없사옵니다."

"뭐라고? 그 놈 참 능청스럽구나. 네 이놈! 임금을 속인 죄가 얼마나 큰 줄 모르느냐? 전날 밤에 네 아내가 꾸민 속임수를 네가 모를 리가 있느냐? 바로 네 놈이 그렇게 시킨 게 분명하렷다?"

개루왕은 더욱 화를 내며 호통을 쳤습니다. 억지로 죄를 만들어 뒤집어씌우려는 것이었습니다.

"아니옵니다. 저는 도무지 모르는 일이옵니다."

도미는 거듭 이렇게 말했습니다.

개루왕은 신하들을 시켜 도미의 두 눈을 뽑게 했습니다. 그리고 조그만 배에 태워 강물에 띄워 보냈습니다. 도미를 태운 배는 어디론가 멀리멀리 흘러갔습니다.

"당장, 도미의 아내를 잡아 오너라."

개루왕은 도미의 아내를 잡아 오게 했습니다.

"너는 임금을 속인 네 죄를 알고 있는가? 그 죄를 네 남편에게 물어 멀리 쫓아 버렸다. 그러니 지금부터 너를 궁녀로 삼겠다. 알겠느냐?"

도미의 아내는 이번에도 웃음을 지으며 말했습니다.

"저는 지금 지아비를 잃은 홀몸이옵니다. 어찌 혼자서 살아갈 수 있겠사옵니까. 그런데 하물며 임금님을 모시게 되었사오니, 어찌 감격스럽지 않겠사옵니까?"

도미의 아내는 개루왕을 안심시킨 후, 목욕을 하겠다는 핑계를 대고 밖으로 나왔습니다. 개루왕은 도미의 아내 말을 믿었습니다. 도미의 아내는 그 길로 쏜살같이 도망을 쳤습니다. 한참을 달려왔지만 큰 강이 앞을 가로막았습니다.

도미의 아내가 강을 건너가지 못해 안타깝게 울부짖고 있을 때 어디선가 조각배 한 척이 흘러왔습니다. 아무도 타고 있지 않은 빈 배였습니다.

이상하게도 빈 조각배는 도미의 아내 앞으로 다가왔습니다. 도미의 아내가 뛰어오르자 조각배는 또 어디론가 끝없이 흘러가기 시작했습니다.

🌼 하늘의 도움으로 다시 만난 부부

 도미의 아내를 태운 조각배가 닿은 곳은 천성도라고 하는 외딴 섬이었습니다. 도미의 아내는 그 곳에서 장님이 된 채 풀뿌리를 캐어 먹으며 살고 있는 도미를 만났습니다.

 두 사람은 한동안 서로 부둥켜안은 채 눈물만 하염없이 흘렸습니다.

 하지만 곧 정신을 차린 도미와 그의 아내는 새로운 땅을 찾아 멀고 먼 길을 떠났습니다.

 포악한 개루왕이 다스리는 백제를 떠나 고구려로 갔습니다.

 불쌍한 도미 부부를 본 고구려 사람들은 먹을 것과 입을 것을 주었습니다. 도미와 그의 아내는 어느 때보다도 더 행복하게 살았습니다.

슬픈 사랑을 한
호동 왕자와 낙랑 공주

호동 왕자는 최리의 집에 한참 동안 머물렀습니다. 그러면서 낙랑 공주와 점점 가까워졌습니다. 시간이 지날수록 둘의 사랑은 깊어져 떨어져서는 살 수 없을 정도가 되었습니다.

첫눈에 사랑에 빠지다

고구려 제3대 대무신왕에게는 호동이라는 왕자가 있었습니다. 호동은 대무신왕의 둘째 부인에게서 태어난 왕자입니다.

호동은 얼굴이 빼어나게 잘생기고 총명하여 주위에서 많은 사랑을 받았습니다.

어느 날 호동은 낙랑에 놀러갔다가 거기서 낙랑국 왕인 최리를 만났습니다.

"그대의 얼굴을 보니 보통 사람은 아닌 것 같소. 혹시 고구

려의 왕자가 아니오?"

"예, 그러하옵니다."

최리는 호동의 늠름하고 듬직한 모습이 마음에 들었습니다.

"괜찮다면 우리 집으로 초대하고 싶소."

"초대해 주시니 감사합니다."

호동은 최리를 따라갔습니다.

"아버님, 어서 오셔요."

최리의 딸인 낙랑 공주가 반갑게 맞이했습니다.

공주는 아버지의 뒤를 따라 들어오는 호동을 보고는 얼굴을 붉혔습니다.

'음, 참으로 어여쁜 여인인걸.'

호동도 최리의 딸이 마음에 들었습니다.

최리는 속으로 기뻐했습니다. 호동을 집으로 초대한 이유가 자신의 딸과 맺어 주기 위해서였기 때문입니다.

호동는 최리의 집에 한참 동안 머물렀습니다.

그러면서 공주와 점점 가까워졌습니다. 시간이 지날수록 둘의 사랑은 깊어져 떨어져서는 살 수 없을 정도가 되었습니다.

그러나 호동은 낙랑국에 계속 머물 수 없었습니다.

"그 동안 많은 신세를 졌습니다. 이제는 우리나라로 돌아가야겠습니다. 너무 오랫동안 떠나와 있어서 걱정이 됩니다."

"그래야겠지요. 그 동안 즐거웠소?"

"너무 황송한 대접을 해 주셔서 이 은혜를 어찌 갚아야 할지 모르겠습니다."

호동은 최리에게 작별 인사를 하고 밖으로 나왔습니다.

공주는 호동이 고구려로 돌아간다는 소리를 듣고는 문 밖에서 안타까운 마음으로 호동을 기다렸습니다.

호동은 공주의 손을 잡고 말했습니다.

"고국에 돌아가면 아버님께 청해서 허락을 받아 오겠소. 그리고 정식으로 결혼하여 나의 아내로 맞아들이겠소. 오래 걸리지 않을 것이오."

"왕자님, 저는 왕자님만 믿고 기다리겠습니다."

🌼 자명고와 나팔을 없애라

호동은 고구려로 돌아갔습니다.

"아버지, 낙랑 공주와 결혼할 수 있도록 허락해 주십시오."

그러나 아버지 대무신왕은 다른 이야기만 하는 것이었습니다.

"그래, 낙랑국의 정세는 어떠하더냐? 낙랑국의 한인들을 모두 정복하여 우리의 영토를 되찾을 수 있겠느냐?"

"자세히 알지 못하오나, 우리가 낙랑국과 싸우면 승산은 있을 것이옵니다."

"지금 너에게 중요한 것은 낙랑 공주와 결혼하는 것이 아니라 어떻게 하면 우리의 옛 영토를 다시 찾는가 하는 것이다."

"아버지의 뜻을 어찌 소자가 모르겠습니까. 아무 염려마옵소서."

"네가 나의 뜻을 잊지 않고 있었다니 공주와의 결혼은 허락하도록 하겠다."

대무신왕은 낙랑을 정복하려는 계획을 빠르게 진행시켰습

니다. 호동의 결혼을 이용하여 낙랑을 치면 이길 수 있을 것으로 생각했기 때문입니다.

대무신왕은 호동을 불렀습니다.

"이제 혼인날을 잡아야겠다. 그러나 그 전에 할 일이 있다."

"무엇이옵니까?"

대무신왕은 미간을 찌푸리며 말했습니다.

"낙랑을 쳐들어간다 해도 낙랑에 자명고와 나팔이 있는 한 우리가 이기기는 힘들다."

예로부터 낙랑에는 적병이 쳐들어오면 저절로 소리가 나는 자명고와 나팔이 있었습니다. 낙랑에서는 이 자명고와 나팔을 철저히 감시하여 누구도 가까이 다가갈 수 없었습니다.

"나의 뜻을 알겠느냐? 자명고와 나팔을 없앨 수 있는 사람은 공주밖에 없다."

호동도 언젠간 닥칠 일이라는 것을 알고 있었지만 마음이 무거웠습니다.

고구려의 영토를 다시 찾는 것은 꼭 해야 할 일이지만 사랑하는 여인의 나라였기 때문이었습니다.

　호동은 무거운 발걸음으로 자신의 처소로 돌아왔습니다. 밤새 뒤척이다가 호동은 결심을 했습니다. 그리고 공주에게 편지를 썼습니다.

　다음 날 호동은 사신을 불러 아무도 모르게 공주에게 편지를 전해 주라고 했습니다.

나라를 버리고 사랑을 택하다

공주는 호동이 보내 온 편지를 읽고 또 읽었습니다.

드디어 부왕께서 우리의 결혼을 허락하셨소. 그러나 그 전에 당신이 해야 할 일이 있소. 낙랑국의 무기고에 들어가 자명고와 나팔을 부숴 버려야 하오. 그렇게 된다면 나는 예를 갖추어 당신을 맞이할 것이오. 그러나 만약 그 일을 해 내지 못한다면 우리의 결혼은 이루어질 수 없소.

공주는 아버지를 찾아갔습니다. 최리는 이제나저제나 혼인 소식이 오기만을 기다렸습니다.

"허허, 아직도 혼인 소식이 없구나. 조금만 더 기다리거라. 호동이 허튼소리를 할 사람은 아니다."

공주는 아버지 최리의 말을 들으면서 마음이 무척 아팠습니다.

'편지에 대해서 사실대로 말씀을 드려야 하나.'

이렇게 여러 가지 생각을 하느라 공주는 마음이 복잡했습니다. 수심에 찬 공주의 얼굴을 보고 최리는 다시 말했습니다.

"너무 걱정하지 말아라. 우리 낙랑과의 관계를 보아서도 혼인을 하지 않을 수 없을 것이니라. 내게도 다 생각이 있느니라. 네가 고구려의 왕자와 혼인을 하면 낙랑에 대해서는 감시를 소홀히 할 것이다. 고구려가 방심할 때를 틈타 공격을 하면 고구려는 우리의 땅이 될 것이다."

'아버지도 나의 결혼을 이용하여 고구려를 칠 생각만 하시는구나. 아! 어떻게 하면 좋단 말인가?'

공주는 자신의 처지가 슬펐습니다.

'사랑하는 연인의 뜻을 따를 것인가? 아버지의 마음을 헤아릴 것인가?'

호동을 사랑하는 공주였지만 망설이지 않을 수 없었습니다.

'그러나 고구려는 낙랑보다 강한 나라이다. 언젠가는 낙랑을 쳐들어올 거야.'

결국 공주는 자명고와 나팔을 부숴 버리는 쪽을 선택하기로 마음을 먹었습니다.

공주는 밤중에 몰래 일어나 무기고로 들어갔습니다. 아무도 공주를 의심하지 않았습니다. 공주는 예리한 칼로 자명고를 찢고 나팔을 부숴뜨리고 나왔습니다.

그리고 몰래 이 사실을 호동에게 전해 주었습니다.

고구려는 전열을 가다듬어 낙랑

을 쳐들어왔습니다.

바로 앞에서 들리는 고구려군의 함성 소리를 듣고 최리는 깜짝 놀랐습니다. 적이 쳐들어왔을 때 자명고와 나팔이 이렇게 소리를 내지 않은 적은 한 번도 없었습니다.

놀라서 무기고로 뛰어가 보니 자명고는 찢겨 있고 나팔은 부서져 있었습니다.

"누가 이런 일을 했단 말이냐!"

"최근에 무기고에 왔다간 분은 공주님뿐이십니다."

무기고를 지키는 병사가 말했습니다.

화가 난 최리는 공주를 찾았습니다.

공주는 사실대로 말했습니다. 그러자 최리는 그만 공주를 죽이고 말았습니다.

미처 싸울 준비를 하지 못하고 갑작스럽게 공격을 받은 낙랑군은 쉽게 패하고 말았습니다. 성문은 쉽게 열렸습니다.

낙랑궁으로 들어온 호동은 공주를 찾았습니다. 그러나 공주는 피를 흘린 채 싸늘한 시체가 되어 있었습니다.

호동은 공주의 시체를 안고 울었습니다.

"미안하오, 공주. 시체나마 고구려 땅에 묻어 주리다."

억울하게 모함을 받다

낙랑국 정복에 큰 공을 세운 호동을 칭찬하는 소리가 고구려 안에 자자했습니다.

그러자 대무신왕의 첫째 왕비는 호동이 왕위를 이을까 걱정이 되었습니다.

첫째 왕비는 어느 날 울면서 대무신왕에게 말했습니다.

"호동이 나를 무례하게 대하고, 욕을 보이려 했습니다."

"왕비는 호동이 자신의 소생이 아니라 미워하는 게요?"

"아니옵니다. 그럴 리가 있겠사옵니까."

그러나 대무신왕은 첫째 왕비의 말을 믿지 않았습니다.

어느 날 첫째 왕비는 또 호동이 왕위를 넘보고 있다고 왕에게 거짓말을 했습니다.

그래도 대무신왕은 믿지 않았습니다. 그러나 울면서 호소하는 첫째 왕비의 이야기를 여러 번 듣자 점점 마음이 움직였습니다.

첫째 왕비는 호동을 자신의 방으로 부른 후, 대무신왕이 올 시간에 맞추어 자신이 입고 있던 옷을 찢었습니다.

"이것 보세요, 이래도 제 말을 못 믿으십니까?"

"호동아, 어떻게 된 일인지 말해 보거라."

"저는 드릴 말씀이 없습니다."

그리고 호동은 밖으로 나갔습니다.

"거 보세요. 자신이 잘못한 게 있으니 아무 말도 하지 않는 게 아닙니까!"

첫째 왕비는 좋은 기회다 싶어 더욱 크게 울며 소리를 질렀습니다.

대무신왕은 호동을 의심하게 되었습니다. 그런 생각으로 보니 호동의 모든 행동이 다 이상해 보였습니다.

호동은 잠을 못 이루는 날들이 점점 늘었습니다.

첫째 왕비의 모함과 대무신왕의 싸늘한 눈초리는 정말 견디기 힘들었습니다. 아직 공주를 잃은 슬픔도 채 가시지 않았는데 말입니다.

호동을 안타까이 여긴 신하가 말했습니다.

"왕자님, 왜 임금님께 사실대로 말씀드리지 않습니까?"

"내가 만약 사실대로 아뢰면 어머니의 죄가 드러나지 않겠소. 그로 인해 아버님은 근심이 더하실 텐데, 자식 된 도리로 어찌 그럴 수 있단 말이오."

11월의 추운 겨울, 바람이 스산하게 불었습니다. 호동은 큰 결심을 한 듯 몸을 깨끗하게 했습니다.

"내 이렇게 사느니 차라리 사랑하는 공주 뒤를 쫓아가리라."

호동은 스스로 목숨을 끊었습니다. 공주가 죽은 지 석 달도 채 되지 않아서였습니다.

천생연분인
설씨 아가씨와 가실

설씨 아가씨는 가실의 앞으로 다가가 반쪽 거울을 내밀었습니다.
가실은 품 안에서 반쪽 거울을 꺼냈습니다.
사람들은 두 사람이 거울을 맞추어 하나로 만드는 것을 보았습니다.

🌸 혼인 약속

신라 제26대 진평왕 때, 경주 유리에 설씨가 살고 있었습니다. 설씨 집은 허물어질 듯한 초가집에, 집 주위에 쓸 만한 땅도 없고 보기에도 아주 가난해 보였습니다.

설씨 아가씨가 방문을 열고 나가며 말했습니다.

"아버지, 얼른 일하고 올 테니까 마음 편히 계세요."

설씨 아가씨는 단아한 얼굴에 몸가짐이 단정했습니다.

"네가 고생이 많구나. 내가 빨리 나아야 할 텐데……."

아버지는 자리에서 일어나지도 못하고, 일하러 가는 딸의 뒷모습을 바라보았습니다.

"휴우, 정말 걱정이다. 몸이 편찮으신데 제대로 잡수시지도 못하고……."

고민에 싸여 걸어가는 설씨 아가씨를 멀리서 바라보는 총각이 있었습니다. 사량부 총각 가실이었습니다. 가실은 품성이 곧고 성실했습니다. 마음 속으로 설씨 아가씨를 좋아하고 있었으나 말도 제대로 못 붙여 보고 이렇게 멀리서 설씨 아가씨를 바라보며 애만 태울 뿐이었습니다. 설씨 아가씨를 도와 주고 싶었지만 가실의 집도 가난하긴 마찬가지였습니다.

어느 날 가실이 설씨 아가씨를 보니 다른 날보다 더욱 얼굴에 수심이 가득했습니다. 가실은 동네 사람에게서 설씨 아가씨의 사정을 들을 수가 있었습니다. 설씨 아가씨네 아버지에게 군대에 가라는 명령이 내려왔다는 것이었습니다.

가실은 그 말을 듣고 좋은 기회라 생각했습니다. 다음 날 가실은 설씨 아가씨의 집에 갔습니다. 가끔 동네에서 마주친 적은 있지만 직접 찾아온 적은 없는지라 설씨 아가씨는 의아해 했습니다.

"아버님이 군대를 가시게 돼서 걱정한단 이야기를 들었습니다. 저는 비록 나약한 사람이지만 의로운 일에 몸을 바치겠다는 뜻을 세웠습니다. 아버님 대신 제가 가고 싶습니다."

가실의 말을 들은 설씨 아가씨의 얼굴에 미소가 번졌습니다.

"잠깐만 기다리세요. 아버님께 여쭈고 올게요."

설씨 아가씨의 이야기를 듣고 아버지는 가실에게 방 안으로 들어오라고 했습니다.

"자네의 말을 들으니 무척 기쁘네. 그러나 선뜻 그렇게 하라 하기가 미안하네."

"아닙니다. 이 일은 제가 마음으로 이미 정한 것입니다."

아버지가 가실을 자세히 보니 늠름하고 믿음직해 보였습니다.

"그렇다면 나도 무언가 보답을 해야겠네."

아버지는 그렇게 말을 꺼내고는 딸을 보았습니다. 아버지와 눈이 마주친 설씨 아가씨는 얼굴을 살짝 붉혔습니다.

"내 딸이 어리석고 우리 집이 가난하기는 하나, 자네만 허락한다면 혼인을 했으면 하네."

가실은 그 소리를 듣는 순간 가슴이 쿵쿵거리기 시작했습니다. 꿈에서도 바라던 일이었으니 말입니다. 가실은 잠시 흥분된 마음을 진정시키고 일어나 넙죽넙죽 절을 두 번이나 했습니다.

"저도 보잘 것 없는 사람입니다. 그러나 설씨 아가씨를 아내로 맞는 것은 저의 소원이옵니다."

가실은 그 날 어떻게 집에 왔는지 기억도 나지 않았습니다.

다음 날 가실은 설씨 아가씨를 만났습니다.

"아버님께서 아가씨와 혼인하라 하여 제 마음만 생각하고 그리 하겠다 했습니다. 아가씨 마음은 어떤지요?"

"저도 가실님과 혼인하게 된 것이 기쁘옵니다."

가실은 싱글벙글 웃음이 저절로 나왔습니다.

"그럼 혼인날을 잡으면 되겠군요?"

"혼인은 큰일이옵니다. 그런데 저희 집이 너무 가난하여 준비된 것도 없고, 또한 너무 갑작스럽습니다. 저는 가실님이 군에 갔다 온 뒤에 날을 잡아 예를 올려도 늦지 않을 거라 생각합니다."

"아가씨의 생각이 그렇다면 어쩔 수 없지요."

시무룩하게 말하는 가실의 말을 듣고 설씨 아가씨는 품 안에서 거울을 꺼냈습니다.

그러고는 둘로 쪼개어 한쪽을 가실에게 내밀었습니다.

"이것이 내 마음의 정표입니다. 저는 이미 마음으로 허락하였으니 죽어도 변하지 않을 것입니다. 훗날 두 조각의 거울이 하나로 만나듯 저희도 그럴 것입니다."

가실은 반쪽 거울을 조심스럽게 받았습니다.

"나도 아가씨에게 남기고 갈 것이 있소. 내가 기르던 말이지요. 내가 떠나면 기를 사람이 없으니 부탁하겠소."

🌸 아버지 대신 군대 간 가실을 기다리다

드디어 가실이 떠나는 날이 되었습니다. 가실은 말고삐를 설씨 아가씨에게 건네 주었습니다. 그리고 반쪽 거울이 있는 자신의 품 안에 손을 대 보고는 길을 떠났습니다.

설씨 아가씨는 떠나가는 가실의 뒷모습이 보이지 않을 때까지 말고삐를 잡고 하염없이 서 있었습니다.

원래 가실은 3년 후에 돌아오기로 되어 있었습니다. 그런데 6년이 지났는데도 돌아오지 않았습니다.

설씨 아가씨의 아버지는 그 동안 몸이 나아졌습니다. 딸과 아버지는 부지런히 일하여 혼인할 준비도 모두 갖추었습니다.

설씨 아가씨는 가실이 남겨 두고 간 말을 정성껏 돌보았습니다. 설씨 아가씨는 사람에게 이야기하듯 말과 이야기를 나누었습니다. 말도 설씨 아가씨의 말을 알아듣는지 설씨 아가씨의 말에 '히잉' 하고 대꾸를 했습니다.

"많이 먹고 튼튼해져야지. 그래야 가실님이 널 보고 기뻐하시지. 말아, 가실님은 오실 때가 지났는데도 왜 오지 않을까? 무슨 일이라도 생긴 것은 아닌지 정말 걱정이다."

그런 설씨 아가씨를 보고 아버지가 말했습니다.

"아직도 가실이를 기다리는 게냐. 이제 너도 시집을 가야지."

"가실님이 아버지를 대신하여 군에 갈 때 저와 굳게 약속을 했어요. 가실님은 그런 저를 믿고 몇 년 동안 군에서 지낸 거예요. 얼마나 굶주리고, 심한 추위에 고생했을까요. 언제 죽을지도 모르는 데서 얼마나 힘들겠어요."

"원래 우리와 약조한 기한은 삼 년이었다. 그런데 이미 그

기한도 넘어 육 년이 되었다. 이 정도면 충분히 기다린 게야. 너도 이미 시집갈 나이를 훌쩍 넘기지 않았니."

"아버지, 그런 말씀 마시어요. 신의는 소중한 거예요. 약속을 지키지 않는다면 그게 어찌 사람의 도리라 하겠어요."

아버지는 여러 번 설득했으나 설씨 아가씨의 마음을 돌이킬 수 없었습니다.

그러자 설씨 아가씨의 아버지는 동네 사람과 몰래 혼인날을 잡아 버렸습니다.

혼인날이 되자 신랑 될 사람이 설씨 아가씨의 집에 왔습니다.

'아, 아버지가 나 몰래 이런 일을 만드셨구나. 그래도 가실 님과의 언약을 깨뜨릴 수는 없어.'

설씨 아가씨는 신랑 될 사람을 앞에 두고 아버지께 말했습니다.

"아버지, 저는 이 혼인을 할 수 없어요."

"무슨 소리를 하는 거냐. 얼른 준비하고 나오도록 해라."

아버지는 억지로라도 설씨 아가씨를 혼인시키려고 했습니

다. 설씨 아가씨는 아버지 몰래 도망을 치려 했습니다. 그러나 아버지는 딸의 완강한 고집을 알았기 때문에 주위 사람들에게 도움을 청해 놓았습니다. 설씨 아가씨는 집 밖으로 빠져나갈 수 없었습니다.

설씨 아가씨는 겨우 사람들의 눈을 피해 마구간으로 숨었습니다.

"아아, 어떡하면 좋단 말이냐? 도망도 칠 수가 없구나. 왜 가실님은 안 오시는 걸까? 나는 이제 어쩌면 좋아, 흑흑."

거지가 되어 돌아온 가실

그 때였습니다. 갑자기 문 밖이 소란해졌습니다.

"아니, 웬 거지야."

거지는 너덜너덜한 누더기를 입고 몸을 지탱하기도 힘들어 지팡이에 의지하고 있었습니다. 온몸에는 종기가 나서 냄새도 지독했습니다. 얼굴은 덥수룩한 머리카락에 가려져 알아

볼 수도 없었습니다.

"설씨 아가씨를 만나러 왔소."

"오늘은 설씨 아가씨가 혼인하는 날인데, 재수없게……. 혼인식이 끝나고 밥이라도 얻어먹으려면 조용히 있다가 얼른 먹고 가거라. 알겠느냐?"

설씨 아가씨의 혼인식을 도와 주러 온 친척 아저씨가 말했습니다.

"혼인이라니? 설씨 아가씨는 나와 혼인하기로 했소."

"아니, 이 놈이 미쳤나. 너같이 허튼소리 하는 놈은 밥 한 톨이라도 줄 수 없다. 어서 빨리 나가거라."

"나는 가실이오."

"가실이 군에 간 지 육 년이 넘었다. 여지껏 살아 있을 리가 없다, 이놈아."

"삼 년 만에 돌아오기로 했으나 교대할 군인이 없어 삼 년을 더하게 되었소. 군에서 병이 들어 간신히 풀려난 거요."

"거짓말 말아라, 이놈아. 네 말을 어떻게 믿을 수 있겠느냐."

이 때 설씨 아가씨가 마구간에서 나왔습니다. 낯익은 목소리였습니다.

친척 아저씨는 가지 않으려고 발버둥치는 거지를 내쫓으려고 막대기를 집어 들고 있었습니다.

"아저씨, 잠깐만요."

설씨 아가씨가 나타나자 잠시 조용해졌습니다. 가실은 설씨 아가씨를 보자 그만 눈물이 나왔습니다.

"아저씨, 가실님이 맞는 것 같아요."

"어디 숨어 있다가 이제 나오는 거냐. 게다가 혼인하기 싫다고 거짓말까지 해. 쓸데없는 소리 말고 어서 안으로 들어가 준비해라. 이 놈은 두들겨 패서 내쫓아야 정신을 차릴 거다."

"아저씨, 잠깐만 기다리세요. 저 사람이 가실님이라는 것을 알아보는 방법이 있어요."

설씨 아가씨는 얼른 방으로 뛰어들어갔습니다. 그리고 장롱 안에서 거울을 찾아 들고 나왔습니다. 설씨 아가씨는 가실의 앞으로 다가가 반쪽 거울을 내밀었습니다.

가실은 품 안에서 반쪽 거울을 꺼냈습니다.

사람들은 두 사람이 거울을 맞추어 하나로 만드는 것을 보았습니다.

가실과 설씨 아가씨가 맞추어진 거울을 앞에 놓고 흐느껴 우는 것을 보고 몇 사람은 슬그머니 돌아갔습니다.

설씨 아가씨의 아버지도, 이 집에 모인 사람들도 처음에는 같이 흐느끼다가 곧 기뻐하며 한 마디씩 했습니다.

"내 사위가 돌아왔어. 허허, 여러분, 내 사위가 돌아왔어요."

"이게 다 하늘이 도와서 그런 거예요."

"맞아요. 둘은 하늘이 맺어 준 천생연분이에요."

"하하하, 조금만 늦었어도 큰일날 뻔했네그려."

"설씨 아가씨가 끝까지 언약을 지켰기 때문이지요. 그래서 하늘이 가실이를 늦지 않게 도착하게 한 거예요."

얼마 뒤, 설씨네 집에서는 흐뭇한 혼인식이 이루어졌습니다. 둘의 사랑을 아는 모든 사람들이 와서 축복해 주었습니다. 둘은 오래오래 행복하게 살았습니다.

자신의 살을 베어 어머니를 봉양한
향덕

향덕은 어머니의 온몸에 퍼져 있는 종기의 고름을 서슴없이 입으로 빨아 내곤 했습니다. 그리고 어머니의 기력을 회복시키기 위해 자신의 넓적다리 살을 베어 봉양했습니다. 지극한 정성 탓이었을까. 마침내 어머니의 병이 씻은 듯이 나았습니다.

✿ 정성을 다해 어머니를 모시다

신라 제35대 경덕왕 14년(755) 여름이었습니다. 온 나라에 가뭄이 들어 몇 달 내내 비 한 방울 내리지 않았습니다. 논바닥이 갈라지고 벼 포기가 말라 죽어 갔습니다. 그리고 우물이 말라 마실 물조차 구하기 어려워졌습니다.

많은 백성들이 굶주림에 시달리고 또 몹쓸 병까지 떠돌아 인심이 매우 나빠졌습니다.

향덕은 웅천주(지금의 충청남도 공주) 판적향이란 마을에서 늙은 어머니를 모시고 살고 있었습니다. 향덕은 착하고 부지런했지만, 끼니를 때우기조차 힘든 생활을 하고 있었습니다. 하지만 가난 속에서도 정성을 다해 어머니를 모시고 있었습니다.

어머니의 말씀이라면 아직 한 번도 거역해 본 적이 없었습니다. 어머니가 기뻐하실 일이라면 제 몸을 돌보지 않았습니다. 향덕은 눈보라 치는 한겨울에도 강가로 나가 꽁꽁 얼어붙은 얼음을 깨고 물고기를 잡아서 어머니를 봉양했습니다.

흉년이 들자 향덕은 더욱 가난에 시달리게 되었습니다. 이른 아침부터 늦은 저녁까지 손발이 닳도록 일했지만, 하루하루 간신히 끼니를 이어 가기도 벅찼습니다.

향덕은 굶는 날이 많았습니다. 먹을 것이 생기면 먼저 어머니께 드렸습니다.

'나는 아직 젊으니 한두 끼니 굶은들 어떠랴. 늙으신 어머님이 배를 곯게 되니 가슴이 찢어질 듯하구나.'

향덕은 자나깨나 어머니 걱정을 하며 슬퍼했습니다.

어머니의 병을 치료하다

그런데 늙으신 어머니가 갑자기 큰 병이 들었습니다. 온몸에 종기가 생겨 곪고 있었습니다. 향덕은 어머니를 간호하기 위해 온갖 정성을 다 쏟았습니다.

'내가 늙으신 어머님께 맛있는 음식 한번 제대로 대접해 드린 적이 없으니, 하늘에서 천벌을 내리신 거야. 아아, 이 일을

어찌하면 좋을까…….'

향덕은 이렇게 괴로워하며 밤새도록 어머니의 곁을 떠나지 않았습니다.

향덕은 어머니의 여윈 손을 움켜잡으며 안타까워했습니다.

"어머님, 용서하십시오. 못난 자식 때문에 어머님께서 이렇게 고생하시니, 몸둘 바를 모르겠습니다. 어서 기운을 차리십시오……."

어머니가 힘없이 말했습니다.

"애야, 늙은 어미 때문에 네가 고생이 많구나. 늙으면 그저 하루라도 빨리 눈을 감아야 자식이라도 편하게 살지……."

"아닙니다, 어머님. 무슨 말씀을 그렇게 하십니까? 어머님께서 오래오래 사셔야 저도 행복하지요. 제발 그런 말씀 마시고 마음 편히 하세요."

향덕은 손을 내저으며 말했습니다.

"오냐, 애야. 너 보기가 하도 딱하고 측은해서 하는 소리다. 세상에 너처럼 착하고 어진 자식이 또 어디 있겠느냐. 에구구,

불쌍한 놈 같으니라고."

 향덕은 어머니의 병환을 낫게 하기 위해 좋다는 온갖 약을 다 구해서 써 보았습니다. 그러나 어머니의 병은 좀처럼 나을 줄을 몰랐습니다.

 향덕은 어머니의 온몸에 퍼져 있는 종기의 고름을 서슴없이 입으로 빨아 내곤 했습니다. 그리고 어머니의 기력을 회복시키기 위해 자신의 넓적다리 살을 베어 봉양했습니다. 지극한 정성 탓이었을까. 마침내 어머니의 병이 씻은 듯이 나았습니다.

향덕에 대한 소문은 차츰 이웃으로 퍼져 나갔습니다. 사람들은 모두 감격했습니다.

"내 일찍이 이런 효성은 들어 본 적이 없네. 그렇게 정성껏 모시는데 무슨 병인들 낫지 않으랴!"

"암, 지성이면 감천이라 하지 않는가! 향덕의 효성은 귀신이라도 감동할 게야. 마땅히 큰 복을 받아야지."

향덕에 대한 소문이 나라 안에 파다하게 퍼져서, 드디어 경덕왕의 귀에까지 들어가게 되었습니다. 경덕왕은 향덕에게 벼 300가마, 기와집 한 채, 거기에다 약간의 논밭까지 내려 주었습니다. 그리고 신하들에게 향덕의 효성을 기록한 비석을 세우게 해서 길이 전하도록 명했습니다.

사람들은 향덕이 살았던 마을을 '효가리'라고 불렀습니다.

사람들을 감동시킨 효녀
지은

다음 날부터 지은은 부잣집에 가서 온종일 일을 했습니다.
부잣집에 몸을 팔아 종이 되기로 하고 쌀 10여 섬을 받은 것이었습니다.
저녁에는 밥을 지어 어머니를 드렸습니다.

🌼 홀로 어머니를 모시다

지은은 이른 아침 일어나 밥을 지으러 부엌으로 나갔습니다.

어머니가 일어나자 지은은 어머니께 문안을 드렸습니다.

"어머니, 안녕히 주무셨어요?"

"그래, 너도 잘 잤느냐?"

"밤에 바람 소리가 나던데 춥지는 않으셨어요?"

지은은 요 밑으로 손을 넣었습니다. 따뜻했습니다.

"밤에 일어나 아궁이에 불 때는 소리를 들었다. 추운데 고생이 많았겠구나. 땔감도 없었을 텐데……."

"걱정 마셔요. 땔감은 충분하게 준비해 놓았어요."

지은은 아침 저녁으로 꼭꼭 문안 인사를 드렸습니다. 밤이면 편안히 주무실 수 있게 잠자리를 봐 드리고 아침이면 늦지 않게 아침밥을 지어 올렸습니다.

"어머니, 조금만 기다리세요. 아침 진지 올릴게요."

어머니는 딸이 나간 뒤 눈물을 흘렸습니다.

'어려서 일찍 아버지를 여의고, 집안 살림을 도맡아 하느라 혼기도 넘기고…… 쯧쯧, 불쌍한 것.'

부엌으로 나온 지은은 쌀독에서 쌀을 펐습니다. 그릇이 바닥에 긁히는 소리가 났습니다.

'쌀이 떨어졌구나. 오늘은 먹을 수 있겠지만 내일부터는 어떡하지? 이제는 품팔이 하기도 쉽지 않고, 그렇다고 또 밥을

빌어 올 수도 없고. 나는 굶어도 견딜 수 있지만 연로하신 어머니는 금방 쓰러지실지도 몰라.'

지은은 아침을 먹고는 밖으로 나섰습니다.

'어머니께 말씀드리면 허락하지 않으실 거야. 죄송하지만 몰래 해야겠어.'

지은은 부잣집 앞에 섰습니다. 크게 숨을 한 번 쉬고 안으로 들어갔습니다.

다음 날부터 지은은 부잣집에 가서 온종일 일을 했습니다. 지은은 부잣집의 종이 되기로 하고 쌀 10여 섬을 받은 것이었습니다.

저녁에는 밥을 지어 어머니를 드렸습니다.

이렇게 3, 4일이 지났습니다.

"어머니, 왜 그렇게 힘이 없으세요. 어디가 안 좋으세요?"

어머니는 수저를 상 위에 내려놓았습니다.

"참으로 이상하구나. 예전에 네가 해 주던 밥은 거칠었지만 밥맛이 매우 달았다. 그런데 삼사 일 전부터 맛있는 쌀밥을 먹

 는데도 맛을 모르겠구나. 밥을 먹으면 내 가슴을 칼날로 찌르는 것만 같으니, 도대체 무슨 일인지 모르겠구나."

 지은은 울먹이며 지금까지 있었던 일을 사실대로 어머니께 아뢰었습니다.

 "나 때문에 네가 남의 종이 됐구나. 날 돌보느라 시집 못 간 것도 마음이 아픈데, 종까지 되다니! 차라리 빨리 죽는 것이 낫겠구나!"

어머니는 땅을 치며 큰 소리로 울었습니다. 딸도 어머니를 붙들고 울었습니다. 지나가던 사람들도 모녀의 이야기에 감동하여 눈물을 흘렸습니다.

효성이 알려지다

화랑 효종랑도 마을에 놀러 나왔다가 모녀의 울음소리를 듣고 그 사정을 알게 되었습니다.

효종랑은 집에 돌아와 아버지께 아뢰었습니다.

"아버님, 지은이란 처녀의 효성이 참으로 지극하옵니다. 아버님께서 딸의 마음을 헤아려 도와 주셨으면 합니다."

효종랑의 부모도 마음이 감동하여 곡식 100섬과 옷가지를 실어다 주었습니다.

그리고 지은이 종으로 팔려간 부잣집에 값을 치러 주고 양인으로 만들어 주었습니다. 이 소식을 들은 수천 명의 화랑들이 곡식 한 섬씩을 내어 모녀를 도와 주었습니다.

효녀 지은에 관한 소문은 점점 퍼져 나가 마침내 왕에게도 전해졌습니다.

신라의 제50대 정강왕은 지은에게 조 500섬, 집 한 채를 내려 주었습니다. 그리고 지은이 사는 마을을 '효양방'이라 이

름 지어 주었습니다.

　또한 정강왕은 효종랑의 인격을 칭찬하며 형인 헌강왕의 딸을 아내로 삼게 했습니다.

어린이 삼국사기 5

1판 1쇄 인쇄 | 2007. 3. 26.
1판 12쇄 발행 | 2019. 4. 27.

어린이 삼국사기 편찬위원회 글 | 최수웅 그림
한국역사연구회 추천 및 감수

발행처 김영사 | 발행인 고세규
등록번호 제 406-2003-036호 | 등록일자 1979. 5. 17.
주소 경기도 파주시 문발로 197(우10881)
전화 마케팅부 031-955-3100 | 편집부 031-955-3113~20 | 팩스 031-955-3111

ⓒ 2007 김영사
이 책의 저작권은 김영사에게 있습니다.
서면에 의한 김영사의 허락 없이 내용의 일부를 인용하거나 발췌하는 것을 금합니다.

값은 표지에 있습니다.
ISBN 978-89-349-2276-6 74900

좋은 독자가 좋은 책을 만듭니다. 김영사는 독자 여러분의 의견에 항상 귀 기울이고 있습니다.
독자의견전화 031-955-3139 | 전자우편 book@gimmyoung.com | 홈페이지 www.gimmyoungjr.com
어린이들의 책놀이터 cafe.naver.com/gimmyoungjr | 드림365 cafe.naver.com/dreem365

어린이제품 안전특별법에 의한 표시사항
제품명 도서 제조년월일 2019년 4월 27일 제조사명 김영사 주소 10881 경기도 파주시 문발로 197
전화번호 031-955-3100 제조국명 대한민국 ⚠주의 책 모서리에 찍히거나 책장에 베이지 않게 조심하세요.